This gardening journal belongs to

_____

Supplier Contact List

Page:

Company Name:	Street:	Notes:
Website:	City:	
Email:	State: Zip:	
Contact Name:	Products:	
Office Phone:		
Cell Phone:		
Company Name:	Street:	Notes:
Website:	City:	
Email:	State: Zip:	
Contact Name:	Products:	
Office Phone:		
Cell Phone:		
Company Name:	Street:	Notes:
Website:	City:	
Email:	State: Zip:	
Contact Name:	Products:	
Office Phone:		
Cell Phone:		
Company Name:	Street:	Notes:
Website:	City:	
Email:	State: Zip:	
Contact Name:	Products:	
Office Phone:		
Cell Phone:		
Company Name:	Street:	Notes:
Website:	City:	
Email:	State: Zip:	
Contact Name:	Products:	
Office Phone:		
Cell Phone:		
Company Name:	Street:	Notes:
Website:	City:	
Email:	State: Zip:	
Contact Name:	Products:	
Office Phone:		
Cell Phone:		

Supplier Contact List

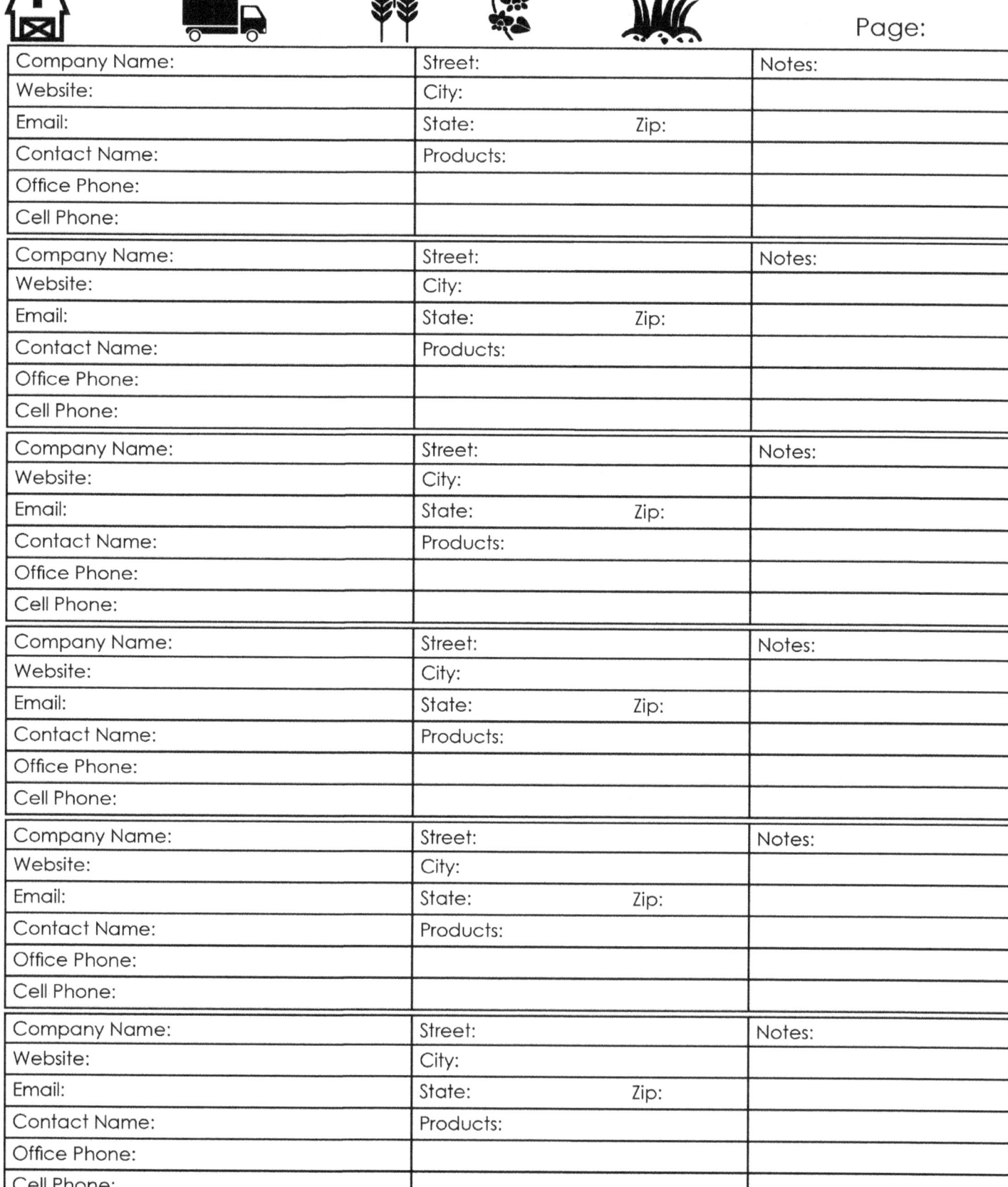

Page:

Company Name:	Street:	Notes:
Website:	City:	
Email:	State: Zip:	
Contact Name:	Products:	
Office Phone:		
Cell Phone:		
Company Name:	Street:	Notes:
Website:	City:	
Email:	State: Zip:	
Contact Name:	Products:	
Office Phone:		
Cell Phone:		
Company Name:	Street:	Notes:
Website:	City:	
Email:	State: Zip:	
Contact Name:	Products:	
Office Phone:		
Cell Phone:		
Company Name:	Street:	Notes:
Website:	City:	
Email:	State: Zip:	
Contact Name:	Products:	
Office Phone:		
Cell Phone:		
Company Name:	Street:	Notes:
Website:	City:	
Email:	State: Zip:	
Contact Name:	Products:	
Office Phone:		
Cell Phone:		
Company Name:	Street:	Notes:
Website:	City:	
Email:	State: Zip:	
Contact Name:	Products:	
Office Phone:		
Cell Phone:		

Supplier Contact List

Page:

Company Name:	Street:	Notes:
Website:	City:	
Email:	State: Zip:	
Contact Name:	Products:	
Office Phone:		
Cell Phone:		
Company Name:	Street:	Notes:
Website:	City:	
Email:	State: Zip:	
Contact Name:	Products:	
Office Phone:		
Cell Phone:		
Company Name:	Street:	Notes:
Website:	City:	
Email:	State: Zip:	
Contact Name:	Products:	
Office Phone:		
Cell Phone:		
Company Name:	Street:	Notes:
Website:	City:	
Email:	State: Zip:	
Contact Name:	Products:	
Office Phone:		
Cell Phone:		
Company Name:	Street:	Notes:
Website:	City:	
Email:	State: Zip:	
Contact Name:	Products:	
Office Phone:		
Cell Phone:		
Company Name:	Street:	Notes:
Website:	City:	
Email:	State: Zip:	
Contact Name:	Products:	
Office Phone:		
Cell Phone:		

Weather Log

Code	Date	Temperature	Humidity

Dew Point	Wind Speed	Wind Direction	Barometric Pressure

Rain Fall	Frost	Grow	General Observations

Bloom & Harvest

Plant Name	January				February				March			

	April				May				June				July		

August	September	October	November	December

Garden Plotting Notes

Garden Plotting Notes

Garden Plotting Map

Garden Plotting Notes

Garden Plotting Map

Plans of The Year

Final Decisions

_____
_____
_____
_____
_____
_____
_____
_____
_____
_____
_____
_____
_____
_____
_____

At-a-glance Year Planner

	Job 1:	Job 2:	Job 3:	Job 4:	Job 5:
January					
February					
March					
April					
May					
June					
July					
August					
September					
October					
November					
December					

Jobs this Month

- _____
- _____
- _____
- _____
- _____
- _____
- _____
- _____
- _____
- _____
- _____
- _____
- _____
- _____
- _____
- _____

When to Plant Monthly Planting Checklist

Plant Name	J	F	M	A	M	J	J	A	S	O	N	D
Plant Name	J	F	M	A	M	J	J	A	S	O	N	D

Month

Week 1

Start date:

Weather

Wildlife

Blooms

Highlight

Things to Do

Planting
- _____
- _____
- _____
- _____
- _____
- _____

Propagation
- _____
- _____
- _____
- _____
- _____
- _____

Pruning
- _____
- _____
- _____
- _____
- _____
- _____

Maintenance
- _____
- _____
- _____
- _____
- _____
- _____

Pest Control
- _____
- _____
- _____
- _____
- _____
- _____

Other
- _____
- _____
- _____
- _____
- _____
- _____

Purchasing	Cost

Harvesting	Amount

Weekly Journal

Month

Week 2

Start date:

Weather

Wildlife

Blooms

Highlight

Things to Do

Planting
- _____
- _____
- _____
- _____
- _____
- _____

Propagation
- _____
- _____
- _____
- _____
- _____
- _____

Pruning
- _____
- _____
- _____
- _____
- _____
- _____

Maintenance
- _____
- _____
- _____
- _____
- _____
- _____

Pest Control
- _____
- _____
- _____
- _____
- _____
- _____

Other
- _____
- _____
- _____
- _____
- _____
- _____

Purchasing	Cost

Harvesting	Amount

Weekly Journal

Month

Week 3

Start date:

Weather

Wildlife

Blooms

Highlight

Things to Do

Planting
- _____
- _____
- _____
- _____
- _____
- _____

Propagation
- _____
- _____
- _____
- _____
- _____
- _____

Pruning
- _____
- _____
- _____
- _____
- _____
- _____

Maintenance
- _____
- _____
- _____
- _____
- _____

Pest Control
- _____
- _____
- _____
- _____
- _____

Other
- _____
- _____
- _____
- _____
- _____

Purchasing	Cost

Harvesting	Amount

Weekly Journal

Month

Week 4

Start date:

☀️ Weather ☁️

🐦 Wildlife 🦊

✿ Blooms ✿

Highlight

Things to Do

Planting
- _____
- _____
- _____
- _____
- _____
- _____

Propagation
- _____
- _____
- _____
- _____
- _____
- _____

Pruning
- _____
- _____
- _____
- _____
- _____
- _____

Maintenance
- _____
- _____
- _____
- _____
- _____
- _____

Pest Control
- _____
- _____
- _____
- _____
- _____
- _____

Other
- _____
- _____
- _____
- _____
- _____
- _____

Purchasing	Cost

Harvesting	Amount

Weekly Journal

Month

Week 5

Start date:

Weather

Wildlife

Blooms

Highlight

Things to Do

Planting
- _____
- _____
- _____
- _____
- _____
- _____

Propagation
- _____
- _____
- _____
- _____
- _____
- _____

Pruning
- _____
- _____
- _____
- _____
- _____
- _____

Maintenance
- _____
- _____
- _____
- _____
- _____
- _____

Pest Control
- _____
- _____
- _____
- _____
- _____
- _____

Other
- _____
- _____
- _____
- _____
- _____
- _____

Purchasing	Cost

Harvesting	Amount

Weekly Journal

Jobs this Month

-
-
-
-
-
-
-
-
-
-
-
-
-
-
-
-

When to Plant Monthly Planting Checklist

Plant Name	J	F	M	A	M	J	J	A	S	O	N	D
Plant Name	J	F	M	A	M	J	J	A	S	O	N	D

Month

Week 1

Start date:

Weather

Wildlife

Blooms

Highlight

Things to Do

Planting
- _____
- _____
- _____
- _____
- _____
- _____

Propagation
- _____
- _____
- _____
- _____
- _____
- _____

Pruning
- _____
- _____
- _____
- _____
- _____
- _____

Maintenance
- _____
- _____
- _____
- _____
- _____
- _____

Pest Control
- _____
- _____
- _____
- _____
- _____
- _____

Other
- _____
- _____
- _____
- _____
- _____
- _____

Purchasing	Cost

Harvesting	Amount

Weekly Journal

Month

Week 2

Start date:

Weather

Wildlife

Blooms

Highlight

Things to Do

Planting	Propagation	Pruning
o _____	o _____	o _____
o _____	o _____	o _____
o _____	o _____	o _____
o _____	o _____	o _____
o _____	o _____	o _____
o _____	o _____	o _____

Maintenance	Pest Control	Other
o _____	o _____	o _____
o _____	o _____	o _____
o _____	o _____	o _____
o _____	o _____	o _____
o _____	o _____	o _____
o _____	o _____	o _____

Purchasing	Cost

Harvesting	Amount

Weekly Journal

Month

Week 3

Start date:

Weather

Wildlife

Blooms

Highlight

Things to Do

Planting
- _____
- _____
- _____
- _____
- _____
- _____

Propagation
- _____
- _____
- _____
- _____
- _____
- _____

Pruning
- _____
- _____
- _____
- _____
- _____
- _____

Maintenance
- _____
- _____
- _____
- _____
- _____
- _____

Pest Control
- _____
- _____
- _____
- _____
- _____
- _____

Other
- _____
- _____
- _____
- _____
- _____
- _____

Purchasing	Cost

Harvesting	Amount

Weekly Journal

Month

Week 4

Start date:

Weather

Wildlife

Blooms

Highlight

Things to Do

Planting
-
-
-
-
-
-

Propagation
-
-
-
-
-
-

Pruning
-
-
-
-
-
-

Maintenance
-
-
-
-
-
-

Pest Control
-
-
-
-
-
-

Other
-
-
-
-
-
-

Purchasing	Cost

Harvesting	Amount

Weekly Journal

Month
Week 5

Start date:

Weather

Wildlife

Blooms

Highlight

Things to Do

Planting
- _____
- _____
- _____
- _____
- _____
- _____

Propagation
- _____
- _____
- _____
- _____
- _____
- _____

Pruning
- _____
- _____
- _____
- _____
- _____
- _____

Maintenance
- _____
- _____
- _____
- _____
- _____
- _____

Pest Control
- _____
- _____
- _____
- _____
- _____
- _____

Other
- _____
- _____
- _____
- _____
- _____
- _____

Purchasing	Cost

Harvesting	Amount

Weekly Journal

Jobs this Month

-
-
-
-
-
-
-
-
-
-
-
-
-
-
-
-
-

When to Plant Monthly Planting Checklist

Plant Name	J	F	M	A	M	J	J	A	S	O	N	D

Month

Week 1

Start date:

Weather

Wildlife

Blooms

Highlight

Things to Do

Planting
- _____
- _____
- _____
- _____
- _____
- _____

Propagation
- _____
- _____
- _____
- _____
- _____
- _____

Pruning
- _____
- _____
- _____
- _____
- _____
- _____

Maintenance
- _____
- _____
- _____
- _____
- _____
- _____

Pest Control
- _____
- _____
- _____
- _____
- _____
- _____

Other
- _____
- _____
- _____
- _____
- _____
- _____

Purchasing	Cost

Harvesting	Amount

Weekly Journal

Month

Week 2

Start date:

Weather

Wildlife

Blooms

Highlight

Things to Do

Planting
- _____
- _____
- _____
- _____
- _____
- _____

Propagation
- _____
- _____
- _____
- _____
- _____
- _____

Pruning
- _____
- _____
- _____
- _____
- _____
- _____

Maintenance
- _____
- _____
- _____
- _____
- _____
- _____

Pest Control
- _____
- _____
- _____
- _____
- _____
- _____

Other
- _____
- _____
- _____
- _____
- _____
- _____

Purchasing	Cost

Harvesting	Amount

Weekly Journal

Month

Week 3

Start date:

☀ Weather ☁

🐦 Wildlife 🦊

❁ Blooms ❁

Highlight

Things to Do

Planting
- _____
- _____
- _____
- _____
- _____
- _____

Propagation
- _____
- _____
- _____
- _____
- _____
- _____

Pruning
- _____
- _____
- _____
- _____
- _____
- _____

Maintenance
- _____
- _____
- _____
- _____
- _____
- _____

Pest Control
- _____
- _____
- _____
- _____
- _____
- _____

Other
- _____
- _____
- _____
- _____
- _____
- _____

Purchasing	Cost

Harvesting	Amount

Weekly Journal

Month

Week 4

Start date:

Weather

Wildlife

Blooms

Highlight

Things to Do

Planting
- _____
- _____
- _____
- _____
- _____
- _____

Propagation
- _____
- _____
- _____
- _____
- _____
- _____

Pruning
- _____
- _____
- _____
- _____
- _____
- _____

Maintenance
- _____
- _____
- _____
- _____
- _____
- _____

Pest Control
- _____
- _____
- _____
- _____
- _____
- _____

Other
- _____
- _____
- _____
- _____
- _____
- _____

Purchasing	Cost

Harvesting	Amount

Weekly Journal

Month

Week 5

Start date:

Weather

Wildlife

Blooms

Highlight

Things to Do

Planting
-
-
-
-
-
-

Propagation
-
-
-
-
-
-

Pruning
-
-
-
-
-
-

Maintenance
-
-
-
-
-
-

Pest Control
-
-
-
-
-
-

Other
-
-
-
-
-
-

Purchasing	Cost

Harvesting	Amount

Weekly Journal

Jobs this Month

- ○ _____
- ○ _____
- ○ _____
- ○ _____
- ○ _____
- ○ _____
- ○ _____
- ○ _____
- ○ _____
- ○ _____
- ○ _____
- ○ _____
- ○ _____
- ○ _____
- ○ _____
- ○ _____

When to Plant Monthly Planting Checklist

Plant Name	J	F	M	A	M	J	J	A	S	O	N	D

| Plant Name | J | F | M | A | M | J | J | A | S | O | N | D |

Month

Week 1

Start date:

- Weather
- Wildlife
- Blooms
- Highlight

Things to Do

Planting
- _____
- _____
- _____
- _____
- _____
- _____

Propagation
- _____
- _____
- _____
- _____
- _____
- _____

Pruning
- _____
- _____
- _____
- _____
- _____
- _____

Maintenance
- _____
- _____
- _____
- _____
- _____
- _____

Pest Control
- _____
- _____
- _____
- _____
- _____
- _____

Other
- _____
- _____
- _____
- _____
- _____
- _____

Purchasing	Cost

Harvesting	Amount

Weekly Journal

Month

Week 2

Start date:

Weather

Wildlife

Blooms

Highlight

Things to Do

Planting
- _____
- _____
- _____
- _____
- _____
- _____

Propagation
- _____
- _____
- _____
- _____
- _____
- _____

Pruning
- _____
- _____
- _____
- _____
- _____
- _____

Maintenance
- _____
- _____
- _____
- _____
- _____
- _____

Pest Control
- _____
- _____
- _____
- _____
- _____
- _____

Other
- _____
- _____
- _____
- _____
- _____
- _____

Purchasing	Cost

Harvesting	Amount

Weekly Journal

Month

Week 3

Start date:

Weather

Wildlife

Blooms

Highlight

Things to Do

Planting
- _____
- _____
- _____
- _____
- _____
- _____

Propagation
- _____
- _____
- _____
- _____
- _____
- _____

Pruning
- _____
- _____
- _____
- _____
- _____
- _____

Maintenance
- _____
- _____
- _____
- _____
- _____
- _____

Pest Control
- _____
- _____
- _____
- _____
- _____
- _____

Other
- _____
- _____
- _____
- _____
- _____
- _____

Purchasing	Cost

Harvesting	Amount

Weekly Journal

Month

Week 4

Start date:

Weather

Wildlife

Blooms

Highlight

Things to Do

Planting
- _____
- _____
- _____
- _____
- _____
- _____

Propagation
- _____
- _____
- _____
- _____
- _____
- _____

Pruning
- _____
- _____
- _____
- _____
- _____
- _____

Maintenance
- _____
- _____
- _____
- _____
- _____
- _____

Pest Control
- _____
- _____
- _____
- _____
- _____
- _____

Other
- _____
- _____
- _____
- _____
- _____
- _____

Purchasing	Cost

Harvesting	Amount

Weekly Journal

Month

Week 5

Start date:

Weather

Wildlife

Blooms

Highlight

Things to Do

Planting
- _____
- _____
- _____
- _____
- _____
- _____

Propagation
- _____
- _____
- _____
- _____
- _____
- _____

Pruning
- _____
- _____
- _____
- _____
- _____
- _____

Maintenance
- _____
- _____
- _____
- _____
- _____
- _____

Pest Control
- _____
- _____
- _____
- _____
- _____
- _____

Other
- _____
- _____
- _____
- _____
- _____
- _____

Purchasing	Cost

Harvesting	Amount

Weekly Journal

Jobs this Month

- ___
- ___
- ___
- ___
- ___
- ___
- ___
- ___
- ___
- ___
- ___
- ___
- ___
- ___
- ___
- ___
- ___

When to Plant Monthly Planting Checklist

Plant Name	J	F	M	A	M	J	J	A	S	O	N	D

Month

Week 1

Start date:

☀ Weather ☁

🐦 Wildlife 🦊

✿ Blooms ✿

Highlight

Things to Do

Planting
- ___
- ___
- ___
- ___
- ___
- ___

Propagation
- ___
- ___
- ___
- ___
- ___
- ___

Pruning
- ___
- ___
- ___
- ___
- ___
- ___

Maintenance
- ___
- ___
- ___
- ___
- ___
- ___

Pest Control
- ___
- ___
- ___
- ___
- ___
- ___

Other
- ___
- ___
- ___
- ___
- ___
- ___

Purchasing	Cost

Harvesting	Amount

Weekly Journal

Month

Week 2

Start date:

Weather

Wildlife

Blooms

Highlight

Things to Do

Planting
- _____
- _____
- _____
- _____
- _____
- _____

Propagation
- _____
- _____
- _____
- _____
- _____
- _____

Pruning
- _____
- _____
- _____
- _____
- _____
- _____

Maintenance
- _____
- _____
- _____
- _____
- _____
- _____

Pest Control
- _____
- _____
- _____
- _____
- _____
- _____

Other
- _____
- _____
- _____
- _____
- _____
- _____

Purchasing	Cost

Harvesting	Amount

Weekly Journal

Month

Week 3

Start date:

Weather

Wildlife

Blooms

Highlight

Things to Do

Planting
- _____
- _____
- _____
- _____
- _____
- _____

Propagation
- _____
- _____
- _____
- _____
- _____
- _____

Pruning
- _____
- _____
- _____
- _____
- _____
- _____

Maintenance
- _____
- _____
- _____
- _____
- _____
- _____

Pest Control
- _____
- _____
- _____
- _____
- _____
- _____

Other
- _____
- _____
- _____
- _____
- _____
- _____

Purchasing	Cost

Harvesting	Amount

Weekly Journal

Month

Week 4

Start date:

Weather

Wildlife

Blooms

Highlight

Things to Do

Planting
- _____
- _____
- _____
- _____
- _____
- _____

Propagation
- _____
- _____
- _____
- _____
- _____
- _____

Pruning
- _____
- _____
- _____
- _____
- _____
- _____

Maintenance
- _____
- _____
- _____
- _____
- _____
- _____

Pest Control
- _____
- _____
- _____
- _____
- _____
- _____

Other
- _____
- _____
- _____
- _____
- _____
- _____

Purchasing	Cost

Harvesting	Amount

Weekly Journal

Month

Week 5

Start date:

Weather

Wildlife

Blooms

Highlight

Things to Do

Planting	Propagation	Pruning
○ _____	○ _____	○ _____
○ _____	○ _____	○ _____
○ _____	○ _____	○ _____
○ _____	○ _____	○ _____
○ _____	○ _____	○ _____
○ _____	○ _____	○ _____

Maintenance	Pest Control	Other
○ _____	○ _____	○ _____
○ _____	○ _____	○ _____
○ _____	○ _____	○ _____
○ _____	○ _____	○ _____
○ _____	○ _____	○ _____
○ _____	○ _____	○ _____

Purchasing	Cost

Harvesting	Amount

Weekly Journal

Jobs this Month

○ _____
○ _____
○ _____
○ _____
○ _____
○ _____
○ _____
○ _____
○ _____
○ _____
○ _____
○ _____
○ _____
○ _____
○ _____

When to Plant Monthly Planting Checklist

Plant Name	J	F	M	A	M	J	J	A	S	O	N	D

Month

Week 1

Start date:

Weather

Wildlife

Blooms

Highlight

Things to Do

Planting
- _____
- _____
- _____
- _____
- _____
- _____

Propagation
- _____
- _____
- _____
- _____
- _____
- _____

Pruning
- _____
- _____
- _____
- _____
- _____
- _____

Maintenance
- _____
- _____
- _____
- _____
- _____
- _____

Pest Control
- _____
- _____
- _____
- _____
- _____
- _____

Other
- _____
- _____
- _____
- _____
- _____
- _____

Purchasing	Cost

Harvesting	Amount

Weekly Journal

Month

Week 2

Start date:

☀ Weather ☁

🐦 Wildlife 🦊

✿ Blooms ✿

Highlight

Things to Do

Planting	Propagation	Pruning
o _____	o _____	o _____
o _____	o _____	o _____
o _____	o _____	o _____
o _____	o _____	o _____
o _____	o _____	o _____
o _____	o _____	o _____

Maintenance	Pest Control	Other
o _____	o _____	o _____
o _____	o _____	o _____
o _____	o _____	o _____
o _____	o _____	o _____
o _____	o _____	o _____
o _____	o _____	o _____

Purchasing	Cost

Harvesting	Amount

Weekly Journal

Month

Week 3

Start date:

Weather

Wildlife

Blooms

Highlight

Things to Do

Planting
- _____
- _____
- _____
- _____
- _____
- _____

Propagation
- _____
- _____
- _____
- _____
- _____
- _____

Pruning
- _____
- _____
- _____
- _____
- _____
- _____

Maintenance
- _____
- _____
- _____
- _____
- _____
- _____

Pest Control
- _____
- _____
- _____
- _____
- _____
- _____

Other
- _____
- _____
- _____
- _____
- _____
- _____

Purchasing	Cost

Harvesting	Amount

Weekly Journal

Month

Week 4

Start date:

Weather

Wildlife

Blooms

Highlight

Things to Do

Planting
- _____
- _____
- _____
- _____
- _____
- _____

Propagation
- _____
- _____
- _____
- _____
- _____
- _____

Pruning
- _____
- _____
- _____
- _____
- _____
- _____

Maintenance
- _____
- _____
- _____
- _____
- _____
- _____

Pest Control
- _____
- _____
- _____
- _____
- _____
- _____

Other
- _____
- _____
- _____
- _____
- _____
- _____

Purchasing	Cost

Harvesting	Amount

Weekly Journal

Month

Week 5

Start date:

Weather

Wildlife

Blooms

Highlight

Things to Do

Planting
-
-
-
-
-
-

Propagation
-
-
-
-
-
-

Pruning
-
-
-
-
-
-

Maintenance
-
-
-
-
-
-

Pest Control
-
-
-
-
-
-

Other
-
-
-
-
-
-

Purchasing	Cost

Harvesting	Amount

Weekly Journal

Jobs this Month

- _____
- _____
- _____
- _____
- _____
- _____
- _____
- _____
- _____
- _____
- _____
- _____
- _____
- _____
- _____
- _____

When to Plant Monthly Planting Checklist

Plant Name	J	F	M	A	M	J	J	A	S	O	N	D
J	F	M	A	M	J	J	A	S	O	N	D	

Month

Week 1

Start date:

Weather

Wildlife

Blooms

Highlight

Things to Do

Planting
-
-
-
-
-
-

Propagation
-
-
-
-
-
-

Pruning
-
-
-
-
-
-

Maintenance
-
-
-
-
-
-

Pest Control
-
-
-
-
-
-

Other
-
-
-
-
-
-

Purchasing	Cost

Harvesting	Amount

Weekly Journal

Month

Week 2

Start date:

☀️ Weather ☁️

🐦 Wildlife 🦊

🌼 Blooms 🌼

Highlight

Things to Do

Planting
- _____
- _____
- _____
- _____
- _____
- _____

Propagation
- _____
- _____
- _____
- _____
- _____
- _____

Pruning
- _____
- _____
- _____
- _____
- _____
- _____

Maintenance
- _____
- _____
- _____
- _____
- _____
- _____

Pest Control
- _____
- _____
- _____
- _____
- _____
- _____

Other
- _____
- _____
- _____
- _____
- _____
- _____

Purchasing	Cost

Harvesting	Amount

Weekly Journal

Month
Week 3

Start date:

Weather

Wildlife

Blooms

Highlight

Things to Do

Planting
- _____
- _____
- _____
- _____
- _____
- _____

Propagation
- _____
- _____
- _____
- _____
- _____
- _____

Pruning
- _____
- _____
- _____
- _____
- _____
- _____

Maintenance
- _____
- _____
- _____
- _____
- _____
- _____

Pest Control
- _____
- _____
- _____
- _____
- _____
- _____

Other
- _____
- _____
- _____
- _____
- _____
- _____

Purchasing	Cost

Harvesting	Amount

Weekly Journal

Month

Week 4

Start date:

Weather

Wildlife

Blooms

Highlight

Things to Do

Planting
-
-
-
-
-
-

Propagation
-
-
-
-
-
-

Pruning
-
-
-
-
-
-

Maintenance
-
-
-
-
-
-

Pest Control
-
-
-
-
-
-

Other
-
-
-
-
-
-

Purchasing	Cost

Harvesting	Amount

Weekly Journal

Month

Week 5

Start date:

Weather

Wildlife

Blooms

Highlight

Things to Do

Planting
- _____
- _____
- _____
- _____
- _____
- _____

Propagation
- _____
- _____
- _____
- _____
- _____
- _____

Pruning
- _____
- _____
- _____
- _____
- _____
- _____

Maintenance
- _____
- _____
- _____
- _____
- _____
- _____

Pest Control
- _____
- _____
- _____
- _____
- _____
- _____

Other
- _____
- _____
- _____
- _____
- _____
- _____

Purchasing	Cost

Harvesting	Amount

Weekly Journal

Jobs this Month

-
-
-
-
-
-
-
-
-
-
-
-
-
-
-
-

When to Plant Monthly Planting Checklist

Plant Name	J	F	M	A	M	J	J	A	S	O	N	D

Month
Week 1
Start date:

☀️ Weather ☁️

🐦 Wildlife 🦊

🌸 Blooms 🌸

Highlight

Things to Do

Planting
- _____
- _____
- _____
- _____
- _____
- _____

Propagation
- _____
- _____
- _____
- _____
- _____
- _____

Pruning
- _____
- _____
- _____
- _____
- _____
- _____

Maintenance
- _____
- _____
- _____
- _____
- _____
- _____

Pest Control
- _____
- _____
- _____
- _____
- _____
- _____

Other
- _____
- _____
- _____
- _____
- _____
- _____

Purchasing	Cost

Harvesting	Amount

Weekly Journal

Month

Week 2

Start date:

Weather

Wildlife

Blooms

Highlight

Things to Do

Planting
- ___
- ___
- ___
- ___
- ___
- ___

Propagation
- ___
- ___
- ___
- ___
- ___
- ___

Pruning
- ___
- ___
- ___
- ___
- ___
- ___

Maintenance
- ___
- ___
- ___
- ___
- ___
- ___

Pest Control
- ___
- ___
- ___
- ___
- ___
- ___

Other
- ___
- ___
- ___
- ___
- ___
- ___

Purchasing	Cost

Harvesting	Amount

Weekly Journal

Month

Week 3

Start date:

Weather

Wildlife

Blooms

Highlight

Things to Do

Planting
- _____
- _____
- _____
- _____
- _____
- _____

Propagation
- _____
- _____
- _____
- _____
- _____
- _____

Pruning
- _____
- _____
- _____
- _____
- _____
- _____

Maintenance
- _____
- _____
- _____
- _____
- _____
- _____

Pest Control
- _____
- _____
- _____
- _____
- _____
- _____

Other
- _____
- _____
- _____
- _____
- _____
- _____

Purchasing	Cost

Harvesting	Amount

Weekly Journal

Month

Week 4

Start date:

Weather

Wildlife

Blooms

Highlight

Things to Do

Planting
-
-
-
-
-
-

Propagation
-
-
-
-
-
-

Pruning
-
-
-
-
-
-

Maintenance
-
-
-
-
-
-

Pest Control
-
-
-
-
-
-

Other
-
-
-
-
-
-

Purchasing	Cost

Harvesting	Amount

Weekly Journal

Month

Week 5

Start date:

Weather

Wildlife

Blooms

Highlight

Things to Do

Planting
-
-
-
-
-
-

Propagation
-
-
-
-
-
-

Pruning
-
-
-
-
-
-

Maintenance
-
-
-
-
-
-

Pest Control
-
-
-
-
-
-

Other
-
-
-
-
-
-

Purchasing	Cost

Harvesting	Amount

Weekly Journal

Jobs this Month

-
-
-
-
-
-
-
-
-
-
-
-
-
-
-
-
-

When to Plant Monthly Planting Checklist

Plant Name	J	F	M	A	M	J	J	A	S	O	N	D
Plant Name	J	F	M	A	M	J	J	A	S	O	N	D

Month

Week 1

Start date:

Weather

Wildlife

Blooms

Highlight

Things to Do

Planting
- _____
- _____
- _____
- _____
- _____
- _____
- _____

Propagation
- _____
- _____
- _____
- _____
- _____
- _____
- _____

Pruning
- _____
- _____
- _____
- _____
- _____
- _____
- _____

Maintenance
- _____
- _____
- _____
- _____
- _____
- _____
- _____

Pest Control
- _____
- _____
- _____
- _____
- _____
- _____
- _____

Other
- _____
- _____
- _____
- _____
- _____
- _____
- _____

Purchasing	Cost

Harvesting	Amount

Weekly Journal

Month

Week 2

Start date:

Weather

Wildlife

Blooms

Highlight

Things to Do

Planting
-
-
-
-
-
-

Propagation
-
-
-
-
-
-

Pruning
-
-
-
-
-
-

Maintenance
-
-
-
-
-
-

Pest Control
-
-
-
-
-
-

Other
-
-
-
-
-
-

Purchasing	Cost

Harvesting	Amount

Weekly Journal

Month

Week 3

Start date:

Weather

Wildlife

Blooms

Highlight

Things to Do

Planting
- _____
- _____
- _____
- _____
- _____
- _____

Propagation
- _____
- _____
- _____
- _____
- _____
- _____

Pruning
- _____
- _____
- _____
- _____
- _____
- _____

Maintenance
- _____
- _____
- _____
- _____
- _____
- _____

Pest Control
- _____
- _____
- _____
- _____
- _____
- _____

Other
- _____
- _____
- _____
- _____
- _____
- _____

Purchasing	Cost

Harvesting	Amount

Weekly Journal

Month

Week 4

Start date:

Weather

Wildlife

Blooms

Highlight

Things to Do

Planting
- _____
- _____
- _____
- _____
- _____
- _____

Propagation
- _____
- _____
- _____
- _____
- _____
- _____

Pruning
- _____
- _____
- _____
- _____
- _____
- _____

Maintenance
- _____
- _____
- _____
- _____
- _____
- _____

Pest Control
- _____
- _____
- _____
- _____
- _____
- _____

Other
- _____
- _____
- _____
- _____
- _____
- _____

Purchasing	Cost

Harvesting	Amount

Weekly Journal

Month

Week 5

Start date:

Weather

Wildlife

Blooms

Highlight

Things to Do

Planting
o _____
o _____
o _____
o _____
o _____
o _____

Propagation
o _____
o _____
o _____
o _____
o _____
o _____

Pruning
o _____
o _____
o _____
o _____
o _____
o _____

Maintenance
o _____
o _____
o _____
o _____
o _____
o _____

Pest Control
o _____
o _____
o _____
o _____
o _____
o _____

Other
o _____
o _____
o _____
o _____
o _____
o _____

Purchasing	Cost

Harvesting	Amount

Weekly Journal

Jobs this Month

- ___
- ___
- ___
- ___
- ___
- ___
- ___
- ___
- ___
- ___
- ___
- ___
- ___
- ___
- ___
- ___

When to Plant Monthly Planting Checklist

Plant Name	J	F	M	A	M	J	J	A	S	O	N	D

Month

Week 1

Start date:

Weather

Wildlife

Blooms

Highlight

Things to Do

Planting
- _____
- _____
- _____
- _____
- _____
- _____

Propagation
- _____
- _____
- _____
- _____
- _____
- _____

Pruning
- _____
- _____
- _____
- _____
- _____
- _____

Maintenance
- _____
- _____
- _____
- _____
- _____
- _____

Pest Control
- _____
- _____
- _____
- _____
- _____
- _____

Other
- _____
- _____
- _____
- _____
- _____
- _____

Purchasing	Cost

Harvesting	Amount

Weekly Journal

Month

Week 2

Start date:

Weather

Wildlife

Blooms

Highlight

Things to Do

Planting
- _____
- _____
- _____
- _____
- _____
- _____

Propagation
- _____
- _____
- _____
- _____
- _____
- _____

Pruning
- _____
- _____
- _____
- _____
- _____
- _____

Maintenance
- _____
- _____
- _____
- _____
- _____
- _____

Pest Control
- _____
- _____
- _____
- _____
- _____
- _____

Other
- _____
- _____
- _____
- _____
- _____
- _____

Purchasing	Cost

Harvesting	Amount

Weekly Journal

Month

Week 3

Start date:

Weather

Wildlife

Blooms

Highlight

Things to Do

Planting
- _____
- _____
- _____
- _____
- _____
- _____

Propagation
- _____
- _____
- _____
- _____
- _____
- _____

Pruning
- _____
- _____
- _____
- _____
- _____
- _____

Maintenance
- _____
- _____
- _____
- _____
- _____
- _____

Pest Control
- _____
- _____
- _____
- _____
- _____
- _____

Other
- _____
- _____
- _____
- _____
- _____
- _____

Purchasing	Cost

Harvesting	Amount

Weekly Journal

Month

Week 4

Start date:

- Weather
- Wildlife
- Blooms
- Highlight

Things to Do

Planting
- _____
- _____
- _____
- _____
- _____
- _____

Propagation
- _____
- _____
- _____
- _____
- _____
- _____

Pruning
- _____
- _____
- _____
- _____
- _____
- _____

Maintenance
- _____
- _____
- _____
- _____
- _____
- _____

Pest Control
- _____
- _____
- _____
- _____
- _____
- _____

Other
- _____
- _____
- _____
- _____
- _____
- _____

Purchasing	Cost

Harvesting	Amount

Weekly Journal

Month
Week 5

Start date:

☀️ Weather ☁️

🐦 Wildlife 🦊

🌼 Blooms 🌼

Highlight

Things to Do

Planting
- _____
- _____
- _____
- _____
- _____
- _____

Propagation
- _____
- _____
- _____
- _____
- _____
- _____

Pruning
- _____
- _____
- _____
- _____
- _____
- _____

Maintenance
- _____
- _____
- _____
- _____
- _____
- _____

Pest Control
- _____
- _____
- _____
- _____
- _____
- _____

Other
- _____
- _____
- _____
- _____
- _____
- _____

Purchasing	Cost

Harvesting	Amount

Weekly Journal

Jobs this Month

- ___
- ___
- ___
- ___
- ___
- ___
- ___
- ___
- ___
- ___
- ___
- ___
- ___
- ___
- ___
- ___

When to Plant Monthly Planting Checklist

Plant Name	J	F	M	A	M	J	J	A	S	O	N	D

| Plant Name | J | F | M | A | M | J | J | A | S | O | N | D |

Month

Week 1

Start date:

- Weather
- Wildlife
- Blooms
- Highlight

Things to Do

Planting
- _____
- _____
- _____
- _____
- _____
- _____

Propagation
- _____
- _____
- _____
- _____
- _____
- _____

Pruning
- _____
- _____
- _____
- _____
- _____
- _____

Maintenance
- _____
- _____
- _____
- _____
- _____
- _____

Pest Control
- _____
- _____
- _____
- _____
- _____
- _____

Other
- _____
- _____
- _____
- _____
- _____
- _____

Purchasing	Cost

Harvesting	Amount

Weekly Journal

Month

Week 2

Start date:

Weather

Wildlife

Blooms

Highlight

Things to Do

Planting
- _____
- _____
- _____
- _____
- _____
- _____

Propagation
- _____
- _____
- _____
- _____
- _____
- _____

Pruning
- _____
- _____
- _____
- _____
- _____
- _____

Maintenance
- _____
- _____
- _____
- _____
- _____
- _____

Pest Control
- _____
- _____
- _____
- _____
- _____
- _____

Other
- _____
- _____
- _____
- _____
- _____
- _____

Purchasing	Cost

Harvesting	Amount

Weekly Journal

Month

Week 3

Start date:

☀ Weather ☁

🐦 Wildlife 🦊

✿ Blooms ✿

❦ Highlight ❦

Things to Do

Planting
- _____
- _____
- _____
- _____
- _____
- _____
- _____

Propagation
- _____
- _____
- _____
- _____
- _____
- _____
- _____

Pruning
- _____
- _____
- _____
- _____
- _____
- _____
- _____

Maintenance
- _____
- _____
- _____
- _____
- _____
- _____
- _____

Pest Control
- _____
- _____
- _____
- _____
- _____
- _____
- _____

Other
- _____
- _____
- _____
- _____
- _____
- _____
- _____

Purchasing	Cost

Harvesting	Amount

Weekly Journal

Month

Week 4

Start date:

Weather

Wildlife

Blooms

Highlight

Things to Do

Planting
- _____
- _____
- _____
- _____
- _____
- _____

Propagation
- _____
- _____
- _____
- _____
- _____
- _____

Pruning
- _____
- _____
- _____
- _____
- _____
- _____

Maintenance
- _____
- _____
- _____
- _____
- _____
- _____

Pest Control
- _____
- _____
- _____
- _____
- _____
- _____

Other
- _____
- _____
- _____
- _____
- _____
- _____

Purchasing	Cost

Harvesting	Amount

Weekly Journal

Month

Week 5

Start date:

Weather

Wildlife

Blooms

Highlight

Things to Do

Planting
- _____
- _____
- _____
- _____
- _____
- _____

Propagation
- _____
- _____
- _____
- _____
- _____
- _____

Pruning
- _____
- _____
- _____
- _____
- _____
- _____

Maintenance
- _____
- _____
- _____
- _____
- _____
- _____

Pest Control
- _____
- _____
- _____
- _____
- _____
- _____

Other
- _____
- _____
- _____
- _____
- _____
- _____

Purchasing	Cost

Harvesting	Amount

Weekly Journal

Jobs this Month

- ○ _____
- ○ _____
- ○ _____
- ○ _____
- ○ _____
- ○ _____
- ○ _____
- ○ _____
- ○ _____
- ○ _____
- ○ _____
- ○ _____
- ○ _____
- ○ _____
- ○ _____

When to Plant Monthly Planting Checklist

Plant Name	J	F	M	A	M	J	J	A	S	O	N	D
Plant Name	J	F	M	A	M	J	J	A	S	O	N	D

Month

Week 1

Start date:

Weather

Wildlife

Blooms

Highlight

Things to Do

Planting
- _____
- _____
- _____
- _____
- _____
- _____

Propagation
- _____
- _____
- _____
- _____
- _____
- _____

Pruning
- _____
- _____
- _____
- _____
- _____
- _____

Maintenance
- _____
- _____
- _____
- _____
- _____
- _____

Pest Control
- _____
- _____
- _____
- _____
- _____
- _____

Other
- _____
- _____
- _____
- _____
- _____
- _____

Purchasing	Cost

Harvesting	Amount

Weekly Journal

Month

Week 2

Start date:

Weather

Wildlife

Blooms

Highlight

Things to Do

Planting
-
-
-
-
-
-

Propagation
-
-
-
-
-
-

Pruning
-
-
-
-
-
-

Maintenance
-
-
-
-
-
-

Pest Control
-
-
-
-
-
-

Other
-
-
-
-
-
-

Purchasing	Cost

Harvesting	Amount

Weekly Journal

Month

Week 3

Start date:

Weather

Wildlife

Blooms

Highlight

Things to Do

Planting
-
-
-
-
-
-

Propagation
-
-
-
-
-
-

Pruning
-
-
-
-
-
-

Maintenance
-
-
-
-
-
-

Pest Control
-
-
-
-
-
-

Other
-
-
-
-
-
-

Purchasing	Cost

Harvesting	Amount

Weekly Journal

Month

Week 4

Start date:

Weather

Wildlife

Blooms

Highlight

Things to Do

Planting
- _____
- _____
- _____
- _____
- _____
- _____

Propagation
- _____
- _____
- _____
- _____
- _____
- _____

Pruning
- _____
- _____
- _____
- _____
- _____
- _____

Maintenance
- _____
- _____
- _____
- _____
- _____
- _____

Pest Control
- _____
- _____
- _____
- _____
- _____
- _____

Other
- _____
- _____
- _____
- _____
- _____
- _____

Purchasing	Cost

Harvesting	Amount

Weekly Journal

Month

Week 5

Start date:

Weather

Wildlife

Blooms

Highlight

Things to Do

Planting
- _____
- _____
- _____
- _____
- _____
- _____

Propagation
- _____
- _____
- _____
- _____
- _____
- _____

Pruning
- _____
- _____
- _____
- _____
- _____
- _____

Maintenance
- _____
- _____
- _____
- _____
- _____
- _____

Pest Control
- _____
- _____
- _____
- _____
- _____
- _____

Other
- _____
- _____
- _____
- _____
- _____
- _____

Purchasing	Cost

Harvesting	Amount

Weekly Journal

Jobs this Month

- _____
- _____
- _____
- _____
- _____
- _____
- _____
- _____
- _____
- _____
- _____
- _____
- _____
- _____
- _____
- _____
- _____

When to Plant Monthly Planting Checklist

Plant Name	J	F	M	A	M	J	J	A	S	O	N	D
Plant Name	J	F	M	A	M	J	J	A	S	O	N	D

Month

Week 1

Start date:

Weather

Wildlife

Blooms

Highlight

Things to Do

Planting
- _____
- _____
- _____
- _____
- _____
- _____

Propagation
- _____
- _____
- _____
- _____
- _____
- _____

Pruning
- _____
- _____
- _____
- _____
- _____
- _____

Maintenance
- _____
- _____
- _____
- _____
- _____
- _____

Pest Control
- _____
- _____
- _____
- _____
- _____
- _____

Other
- _____
- _____
- _____
- _____
- _____
- _____

Purchasing	Cost

Harvesting	Amount

Weekly Journal

Month

Week 2

Start date:

Weather

Wildlife

Blooms

Highlight

Things to Do

Planting
-
-
-
-
-
-

Propagation
-
-
-
-
-
-

Pruning
-
-
-
-
-
-

Maintenance
-
-
-
-
-
-

Pest Control
-
-
-
-
-
-

Other
-
-
-
-
-
-

Purchasing	Cost

Harvesting	Amount

Weekly Journal

Month

Week 3

Start date:

Weather

Wildlife

Blooms

Highlight

Things to Do

Planting
-
-
-
-
-
-

Propagation
-
-
-
-
-
-

Pruning
-
-
-
-
-
-

Maintenance
-
-
-
-
-
-

Pest Control
-
-
-
-
-
-

Other
-
-
-
-
-
-

Purchasing	Cost

Harvesting	Amount

Weekly Journal

Month

Week 4

Start date:

Weather

Wildlife

Blooms

Highlight

Things to Do

Planting
- _____
- _____
- _____
- _____
- _____
- _____
- _____

Propagation
- _____
- _____
- _____
- _____
- _____
- _____
- _____

Pruning
- _____
- _____
- _____
- _____
- _____
- _____
- _____

Maintenance
- _____
- _____
- _____
- _____
- _____
- _____

Pest Control
- _____
- _____
- _____
- _____
- _____
- _____

Other
- _____
- _____
- _____
- _____
- _____
- _____

Purchasing	Cost

Harvesting	Amount

Weekly Journal

Month

Week 5

Start date:

Weather

Wildlife

Blooms

Highlight

Things to Do

Planting
- _____
- _____
- _____
- _____
- _____
- _____

Propagation
- _____
- _____
- _____
- _____
- _____
- _____

Pruning
- _____
- _____
- _____
- _____
- _____
- _____

Maintenance
- _____
- _____
- _____
- _____
- _____
- _____

Pest Control
- _____
- _____
- _____
- _____
- _____
- _____

Other
- _____
- _____
- _____
- _____
- _____
- _____

Purchasing	Cost

Harvesting	Amount

Weekly Journal

Made in the USA
Middletown, DE
05 January 2020